Everybody Toots!

¡Todos hacemos gasecito!

Justine Avery
Naday Meldova

SUTEKI
CREATIVE

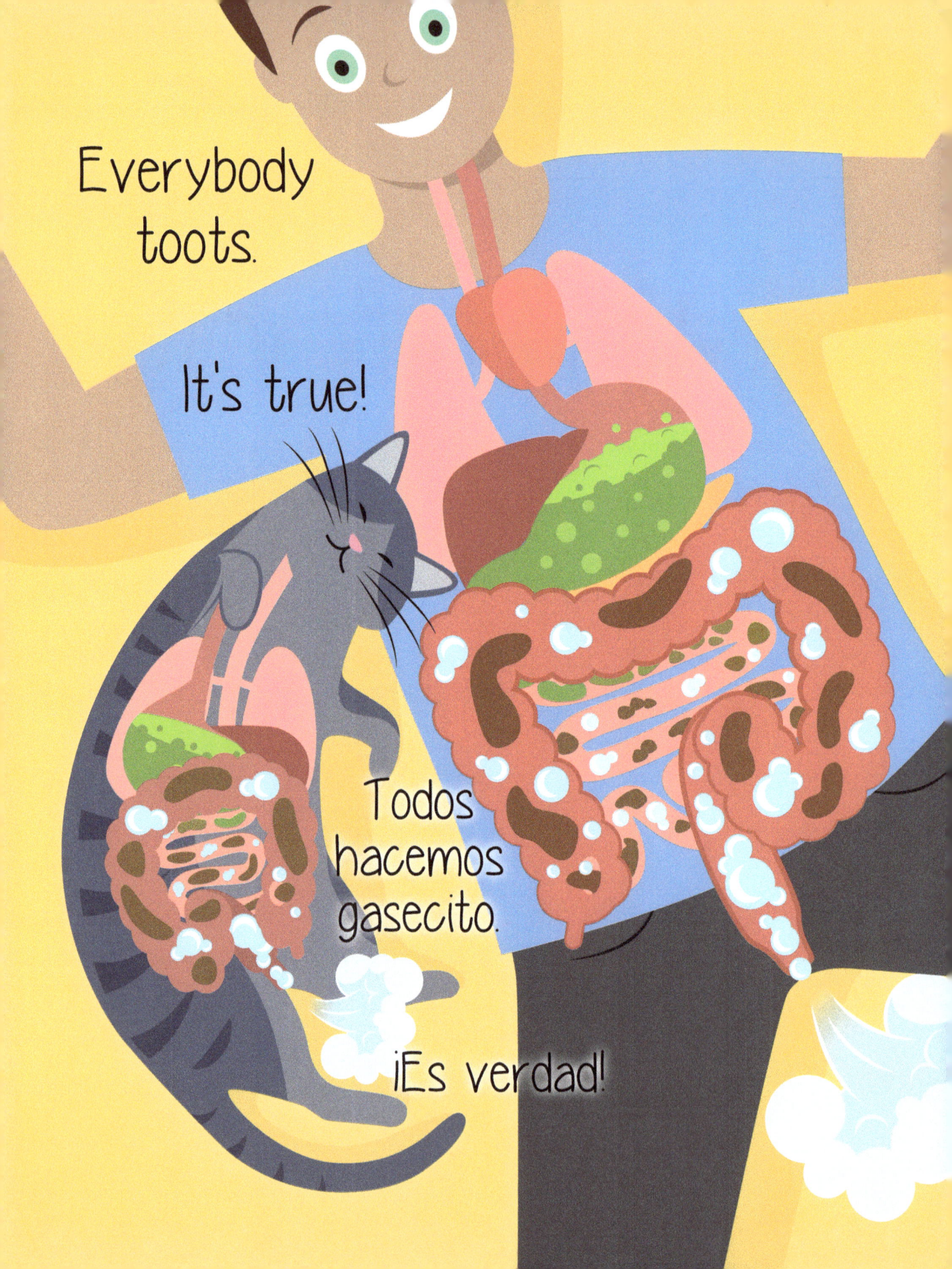

Brothers toot.

And sisters toot.

Los hermanos echan gases.

Y las hermanas echan gases.

Especially old, old grandads and grannies toot.

Especialmente los abuelos y abuelas muy mayores se echan gases.

EVERY family...

CADA familia...

The school principal, every headmistress, and the prime minister definitely toot.

El director de la escuela, todas las directoras y el primer ministro definitivamente se echaron uno.

Rock stars and dog walkers, taxi drivers and toy makers... they all need to toot.

Estrellas de rock y paseadores de perros, taxistas y fabricantes de juguetes... todos necesitan echarse uno.

Movie stars and mountain climbers, zoo keepers and street sweepers... Each and every one of them really does toot!

Estrellas de cine, escaladores de montaña, cuidadores de zoológicos y barredores de calles... ¡Todos y cada uno de ellos se han echado un gas!

And they toot

Y ellos se echan

a lot.

mucho gases.

Every single day.

Cada día.

Just like ALL of us do.

Tal y como lo hacemos TODOS.

We toot in the morning— even while we sleep!

Nosotros nos echamos gases en la mañana ¡E incluso cuando dormimos!

We toot when we pee-pee,
and we toot when we poo too!

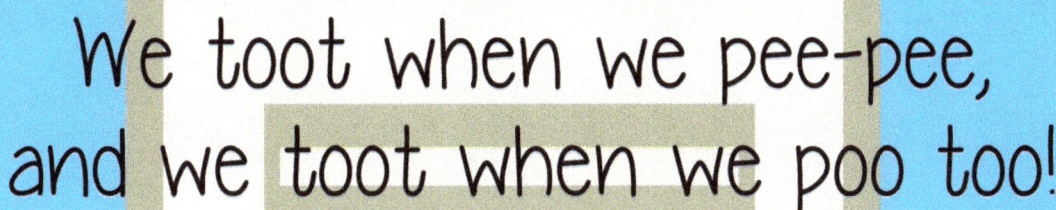

¡Nos echamos gases
cuando hacemos del uno
y nos echamos gases
cuando hacemos del dos también!

There's so much tooting,
and we don't always hear it.

Hay muchos gases
y no siempre lo escuchamos.

But there's tooting happening
all around us—
even if we can't see it.

Pero hay muchos gases flotando alrededor
de nosotros, aunque no podamos verlos.

Some itty bitty insects toot.
And the tiniest mouse.
And whales bigger than your house!

Algunos pequeños insectos lanzan gases.
Y el ratón más pequeño.
¡Hasta las ballenas tan grandes como tu casa!

So do most farm animals...

También casi todos los animales de granja...

all the sea mammals, and frogs, of course.

todos los mamíferos y las ranas por supuesto.

And snakes toot. And tigers and alligators and the old mighty dinosaurs!

Las serpientes también tienen gases. ¡Y tigres, cocodrilos y los viejos y poderosos dinosaurios!

Nearly every creature on this planet toots.

Casi toda criatura en este planeta se ha echado un gas.

Our toots are in the air.

Nuestros gases están en el aire.

Our toots are in the sea.

Nuestros gases están en el mar.

Right... beside... YOU!
That's how natural toots are to do.

Claro... además de... ¡TI!
Así de natural es echar gases.

For the child in all of us,
may we never grow too old
to see all the silliness in life.
—J.A.

My grandfather was an artist
and instilled in me
the love of drawing.
—N.M.

Para el niño que todos llevamos dentro,
para que nunca seamos demasiado viejos
para ver todas las tonterías de la vida.
—J.A.

Mi abuelo era artista
y me inculcó el amor
por el dibujo.
—N.M.

Justine Avery is an award-winning author who loves writing stories for all sorts of readers. She was born in America but grew up—and is still growing up—all over the world as a natural explorer with a curiosity for all things. She's jumped out of airplanes, off of very high bridges, and into shark-infested waters—to name a few adventures. And books are her favorite adventures of all.

Justine Avery es una autora galardonada que ama escribir historias para todo tipo de lectores. Nació en Estados Unidos de América, pero creció, y sigue creciendo, en muchos lugares del mundo gracias a su naturaleza exploradora y a su curiosidad por todas las cosas. Justine ha brincado desde aviones, de puentes muy altos y a aguas infestadas de tiburones, por mencionar algunas de sus aventuras. Entre todas las aventuras, los libros son su aventura favorita.

Naday Meldova is an artist who graduated from art school in Tula, Russia. She's been illustrating for years, and this is her favorite job!

Naday Meldova es una artista que se graduó de la escuela de arte en Tula, Rusia. Ha estado ilustrando durante años, ¡Y este es su trabajo favorito!

First published 2021 by Suteki Creative
This bilingual Spanish-English edition first published 2021 by Suteki Creative

FIRST BILINGUAL EDITION

Copyright © 2021 Justine Avery
Illustrated by Naday Meldova
All rights reserved.

In accordance with international copyright law, this publication, in full or in part, may not be scanned, copied, stored in a retrieval system, duplicated, reproduced, uploaded, transmitted, resold, or distributed online or offline—in any form or by any means—without prior, explicit permission of the author.

But *please do*… lend this book freely! It's *yours*—you own it. So, pass it on, trade it in, exchange it with and recommend it to other readers. Books are the very best gifts.

ISBN: 978-1-63882-243-1
ISBN: 978-1-63882-241-7 (ebook)
ISBN: 978-1-63882-244-8 (hardcover)
ISBN: 978-1-63882-246-2 (audio book)

Discover More...
uniquely wonderful, utterly imaginative children's books by Justine Avery.

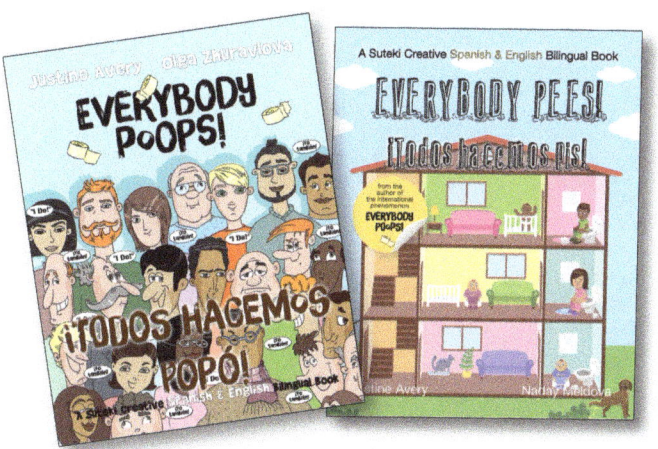

Descubre Más...
del único, maravilloso y absolutamente imaginativo mundo
de los libros para niños de Justine Avery.

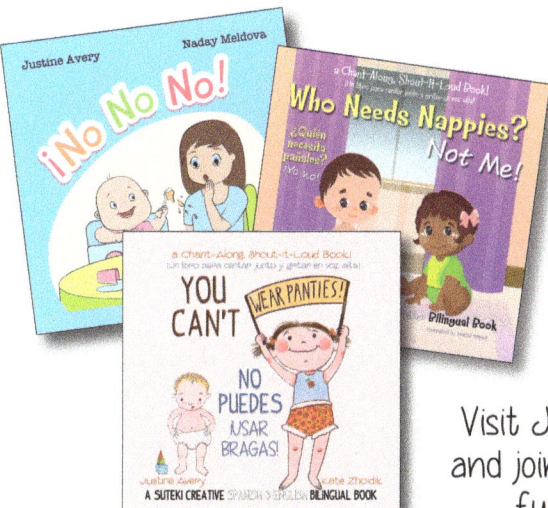

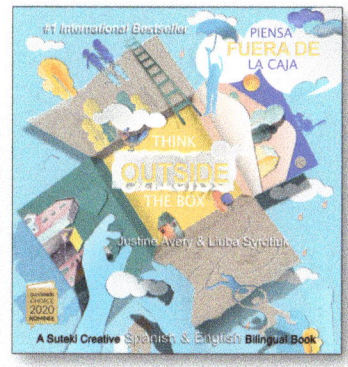

Visit JustineAvery.com
and join in the exclusive
fun & freebies.

Visita JustineAvery.com
y disfruta de regalos
divertidos y exclusivos.

www.ingramcontent.com/pod-product-compliance
Lightning Source LLC
Chambersburg PA
CBHW061117070526
44583CB00027B/3320